Todos los libros de Linkgua Ediciones cuentan con modelos de Inteligencia Artificial entrenados por hispanistas. Pregúntale al chat de tu libro lo que desees acerca de la obra o su autor/a.

Para ebooks: Accede a nuestro modelo de IA a través de este enlace.

Para libros impresos: Escanea el código QR de la portada con tu dispositivo móvil.

Obtén análisis detallados de nuestros libros, resúmenes, respuestas a tus preguntas y accede a nuestras ediciones críticas generativas para una experiencia de lectura más enriquecedora.
La transparencia y el respeto hacia la autoría de las fuentes utilizadas son distintivos básicos de nuestro proyecto. Por ello, las respuestas ofrecen, mediante un sistema de citas, las fuentes con las que han sido elaboradas.

Autores varios

Constitución
de Ecuador de 1869

Barcelona 2024
Linkgua-ediciones.com

Créditos

Título original: Constitución de Ecuador de 1869.

© 2024, Red ediciones S.L.

e-mail: info@linkgua.com

Diseño de cubierta: Michel Mallard.

ISBN rústica: 978-84-9007-628-6.
ISBN ebook: 978-84-9007-458-9.

Sumario

Constitución de 1869

(11 de agosto de 1869)

En el nombre de Dios, Uno y Trino, autor, legislador y conservador del Universo, la Convención Nacional del Ecuador ha decretado y sometido a la aprobación del pueblo la siguiente Constitución.

Título I. De la República del Ecuador y de los ecuatorianos

Sección I. De la República

Artículo 1. La República del Ecuador se compone de todos los ecuatorianos reunidos bajo el imperio de unas mismas leyes.

Artículo 2. El territorio del Ecuador comprende el de las provincias que formaban la antigua Presidencia de Quito y el archipiélago de Galápagos. Los límites se fijarán definitivamente por tratados con los Estados vecinos.

Artículo 3. La soberanía o el derecho de gobernarse con arreglo a la justicia, reside esencialmente en la Nación, la cual delega su ejercicio a las autoridades establecidas por la Constitución. La República es una, indivisible, libre e independiente de todo poder extranjero, y no puede ser patrimonio de ninguna, familia ni persona.

Sección II. De los ecuatorianos

Artículo 4. Los ecuatorianos lo son por nacimiento o por nacionalización.

Artículo 5. Son ecuatorianos por nacimiento:

1. Los nacidos en el territorio del Ecuador.

2. Los nacidos en otro país de padre o madre ecuatorianos por nacimiento, siempre que vengan a residir en la República.

Artículo 6. Son ecuatorianos por naturalización:
1. Los naturales de otros Estados que se hallen actualmente en el goce de este derecho;

2. Los extranjeros que profesen alguna ciencia, arte o industria útil, o que sean dueños de alguna propiedad raíz o capital en giro, y, después de un año de residencia, declaren ante la autoridad que designe la ley, su intención de naturalizarse en el Ecuador y obtengan carta de naturaleza;

3. Los que la obtengan del Congreso por servicios que hayan prestado o puedan prestar al país.

Artículo 7. Los deberes de los ecuatorianos son:

1. Respetar la religión del Estado y a las autoridades;

2. Sostener la Constitución;

3. Obedecer las leyes, servir y defender a la Patria;

4. Contribuir para los gastos de la Nación; y

5. Velar sobre la conservación de las libertades públicas.

Artículo 8. Los derechos de los ecuatorianos son: igualdad ante la ley y opción a elegir y ser elegidos para desempeñar los destinos públicos, siempre que tengan las aptitudes legales.

Título II. De la religión de la República

Artículo 9. La Religión de la República, es la Católica, Apostólica, Romana con exclusión de cualquiera otra, y, se conservará siempre con los derechos y prerrogativas de que debe gozar según la ley de Dios y las disposiciones canónicas. Los poderes políticos están obligados a protegerla y hacerla respetar.

Título III. De los ciudadanos

Artículo 10. Para ser ciudadano se requiere:
  1. Ser católico;

  2. Saber leer y escribir;

  3. Ser casado o mayor de veintiún años.

Artículo 11. Pierde los derechos de ciudadanía:

  1. El que entra al servicio de una nación enemiga;

  2. El que se naturaliza en país extranjero;

  3. El que incurre en quiebra fraudulenta;

  4. El que vende su voto o compra el de otro;

  5. El condenado a pena corporal o infamante.

Artículo 12. Los ecuatorianos que, por alguna de las causas mencionadas en el Artículo anterior, hubieren perdido los derechos de ciudadanía, podrán obtener rehabilitación del Senado; excepto los condenados a pena corporal o infamante, que no podrán obtenerla sin haber cumplido la condena.

Artículo 13. Los derechos de ciudadanía se suspenden:

  1. Por pertenecer a las sociedades prohibidas por la Iglesia;

  2. Por interdicción judicial;

3. Por ser ebrio de costumbre, tahúr de profesión, vago declarado, o tener casa de juego que prohíbe la ley;

4. Por ineptitud mental que impida obrar libre y reflexivamente;

5. Por hallarse procesado como reo que merezca pena corporal o infamante, desde que se declare haber lugar a formación de causa, hasta que sea absuelto, o condenado a otra pena;

6. Por no haber presentado a su debido tiempo la cuenta de los caudales públicos que hubiese manejado, o por no haber satisfecho el alcance que contra él hubiese resultado, después de tres días de hecho el requerimiento.

Título IV. Del Gobierno ecuatoriano

Artículo 14. El Gobierno del Ecuador es republicano, representativo, electivo, alternativo y responsable.

Artículo 15. El Poder Supremo se divide en Legislativo, Ejecutivo y Judicial. Cada uno ejercerá las atribuciones que le señala esta Constitución, sin excederse de los límites que ella prescribe.

Título V. De las Elecciones

Artículo 16. Habrá elecciones populares por sufragio directo y secreto en los términos que señale la ley.

Artículo 17. Para ser sufragante se requiere ser ciudadano en ejercicio y vecino de la parroquia en que sufrague.

Título VI. Del Poder Legislativo

Sección I. Del Congreso

Artículo 18. El Poder Legislativo reside en el Congreso Nacional compuesto de dos Cámaras, una de Senadores y otra de Diputados.

Artículo 19. El Congreso se reunirá cada dos años el 10 de Agosto, aunque no haya sido convocado, y sus sesiones ordinarias durarán sesenta días prorrogables por quince más. Se reunirá también extraordinariamente cuando lo convoque el Ejecutivo y por el tiempo que le prefije; sin que pueda ocuparse en otros objetos que en aquellos para los cuales fuere convocado.

Artículo 20. La Cámara del Senado se compondrá de los Senadores que designe la ley, elegidos para nueve años por los sufragantes de la República.

Artículo 21. Para ser Senador se requiere:

1. Ser ecuatoriano por nacimiento en ejercicio de la ciudadanía;

2. Ser mayor de treinta y cinco años; y

3. Tener una propiedad raíz valor libre de cuatro mil pesos, o una renta anual de quinientos pesos, proveniente de alguna profesión o industria útil.

Artículo 22. Son atribuciones exclusivas del Senado:

1. Calificar sus miembros;

2. Conocer de las acusaciones que le dirija la Cámara de Diputados; y

3. Ejercer las demás que le dieren la Constitución y las leyes.

Artículo 23. Cuando el Senado conozca de alguna acusación, se limitará a autorizar o no el enjuiciamiento; y en caso afirmativo suspenderá y entregará, al acusado al Tribunal competente.

Sección III. De la Cámara de Diputados

Artículo 24. La Cámara de Diputados se compondrá de los Diputados que fije la ley, elegidos para seis años por los sufragantes de la República.

Artículo 25. Para ser Diputado se requiere:

1. Ser ecuatoriano en ejercicio de la ciudadanía; y

2. Mayor de veinticinco años.

Artículo 26. Son atribuciones de la Cámara de Diputados:

1. Calificar a sus miembros;

2. Acusar ante el Senado al Presidente de la República o al
que le subrogue, a los Ministros Secretarios del Despacho, a
los Magistrados de la Corte Suprema y a los Consejeros de
Estado; y

3. Proponer las leyes sobre impuestos y contribuciones.
La falta de vacante de Senadores y Diputados, se llenará en
el modo y forma que prescriba la ley de elecciones.

Sección IV. Disposiciones comunes a las dos Cámaras

Artículo 27. Ninguna de las Cámaras podrá comenzar sus sesiones sin las dos terceras partes de la totalidad de sus Miembros, ni continuarlas sin la mayoría absoluta, excepto el caso
prevenido en el Artículo siguiente.

Artículo 28. Ningún Senador o Diputado podrá separarse
de la Cámara a que pertenezca sin permiso de ella, y si lo
hiciere perderá por cuatro años los derechos de ciudadanía,
pudiendo la Cámara continuar sus sesiones con los miembros concurrentes.

Artículo 29. Las Cámaras se reunirán para declarar o per-
feccionar, en los casos y en la forma que prescribe la ley, la
elección de Presidente de la República, para recibir su juramento, admitir o negar su renuncia, aprobar o no las propuestas que hiciere el Ejecutivo de Generales y Coroneles de
acuerdo con el Consejo de Estado, para las demás elecciones
que les atribuyan esta Constitución y las leyes y para el caso
en que lo pida alguna de las Cámaras; mas nunca para ejer-

cer las atribuciones que les competen separadamente conforme al Artículo 25.

Artículo 30. La Cámaras se instalarán por sí mismas, abrirán y cerrarán sus sesiones en el mismo día, permanecerán en la misma población, y ninguna podrá trasladarse a otro lugar, ni suspender sus sesiones por más de tres días, sin conocimiento de la otra. En caso de discrepancia, se reunirán y decidirá la mayoría.

Artículo 31. Los Diputados y Senadores no serán jamás responsables de las opiniones que manifiesten en el Congreso, y gozarán de inmunidad mientras duren las sesiones, treinta días antes y treinta días después; no podrán ser acusados, perseguidos o arrestados sino en caso de delito *infraganti*, si la Cámara a que pertenecen no autoriza previamente el enjuiciamiento con el voto de la mayoría absoluta de los Diputados presentes. Si algún Senador o Diputado fuere arrestado por delito *infraganti*, se le pondrá inmediatamente a disposición de la Cámara respectiva, junto con la sumaria que se le haya seguido, para que autorice el enjuiciamiento; mas si el delito, se cometiere en los treinta días posteriores a las sesiones del Congreso, podrá el juez competente proceder al arresto y juzgamiento del Senador o Diputado que delinquiere.

Artículo 32. Cada tres años, en la época designada por la ley, se elegirán la mitad de los Diputados y la tercera parte de los Senadores. En la primera época se elegirá la totalidad de los individuos de ambas Cámaras, las cuales sortearán a los que deben ser reemplazados en las elecciones siguientes, incluyendo en este número a los que dejaren de ser Senadores y Diputados por muerte o cualquier otro motivo.

Artículo 33. Están excluidos de ser Senadores y Diputados, el Presidente de la República, los Magistrados de los Tribunales de Justicia y los miembros del Consejo de Estado.

Artículo 34. Las sesiones serán públicas, a no ser que una de las Cámaras decida que algún asunto deba tratarse en sesión secreta, o lo pida el Poder Ejecutivo en negocios que él presente.

Sección V. De las atribuciones del Congreso funcionando separadamente en Cámaras Legislativas

Artículo 35. Son atribuciones del Congreso:

1. Decretar los gastos públicos con vista de los presupuestos que presente el Poder Ejecutivo, conformándose o no con ellos, y velar en la recta y legal inversión de las rentas;

2. Establecer impuestos y contraer deudas sobre el crédito público;

3. Decretar la enajenación y aplicación a usos públicos de los bienes nacionales y arreglar su administración;

4. Autorizar empréstitos u otros contratos, para llenar el déficit del tesoro nacional, y permitir que se hipotequen los bienes y rentas de la República para la seguridad del pago

de los enunciados empréstitos o contratos, fijando la basa
conveniente;

5. Examinar en cada reunión ordinaria la cuenta correspondiente al bienio anterior, que el Poder Ejecutivo debe pre-
sentarle, tanto del rendimiento de las rentas y producto de
los bienes nacionales, como de los gastos del tesoro;

6. Crear o suprimir empleos, determinar o modificar sus
atribuciones, aumentar o disminuir sus dotaciones y fijar el
tiempo que deban durar, siempre que por la Constitución o
la ley no pertenezca esta facultad a otra autoridad o corpo-
ración;

7. Conceder premios únicamente personales a los que hayan hecho grandes servicios a la Patria y decretar honores
públicos a su memoria;

8. Determinar y uniformar la ley, peso, valor, forma, tipo
y denominación de la moneda y arreglar el sistema de pesos
y medidas;

9. Fijar el máximo de la fuerza armada de mar y tierra que
en tiempo de paz deba mantenerse en servicio activo;
10. Decretar la guerra, con vista de los informes del Poder
Ejecutivo, requerir a éste para que negocie la paz, y prestar o
negar su aprobación a los tratados públicos y convenios cele-
brados por el Poder Ejecutivo, sin cuyo requisito no podrán
ser ratificados ni canjeados;

11. Dar leyes generales de enseñanza para los establecimientos de educación o instrucción pública;

12. Promover y fomentar la educación pública y el progreso de las ciencias y las artes, concediendo con este objeto y por tiempo ilimitado, privilegios exclusivos, o las ventajas e indemnizaciones convenientes; promover las empresas, fomentar los descubrimientos y favorecer las mejoras útiles que puedan introducirse en la República;

13. Conceder amnistía o indultos generales cuando lo exija algún grave motivo de conveniencia pública;

14. Designar el lugar en que deban residir los Supremos Poderes políticos;

15. Permitir o negar el tránsito de tropas extranjeras por el territorio de la República, o la estación de buques de guerra extranjeros en los puertos, cuando excediere de dos meses;

16. Erigir nuevas provincias y cantones, fijar sus límites; habilitar o cerrar puertos y establecer aduanas;

17. Formar los códigos nacionales y dar las leyes y decretos necesarios para el arreglo de los diferentes ramos de la administración pública: interpretar, reformar y derogar cualesquiera leyes o actos legislativos.

Sección VI. De la formación de las Leyes y demás actos legislativos

Artículo 36. Las leyes pueden tener origen en una de las Cámaras, a propuesta de cualquiera de sus miembros, o del Poder Ejecutivo o de la Corte Suprema de Justicia.

Artículo 37. El proyecto de ley o de cualquiera otro acto legislativo que no fuere admitido, se diferirá hasta la Legislatura siguiente, y si lo fuere, se discutirá en tres sesiones distintas y en diferentes días.

Artículo 38. Aprobado un proyecto de ley, decreto o resolución en la Cámara de su origen, pasará inmediatamente a la otra con expresión de los días en que se haya sometido a discusión; y esta Cámara podrá dar o no su aprobación, o poner los reparos, adiciones o modificaciones que juzgare convenientes.

Artículo 39. Si la Cámara en que ha tenido origen el proyecto no considerare fundados los reparos, adiciones o modificaciones propuestas, podrá insistir hasta segunda vez con nuevas razones; y si a pesar de esta insistencia no aprobare el proyecto la Cámara revisora, no podrá ya tomarlo en consideración hasta la próxima Legislatura, siempre que los reparos, adiciones o modificaciones versen sobre el proyecto en su totalidad; pero si solo se contrajeren a alguno o algunos de sus Artículos, quedarán éstos suprimidos, y el proyecto seguirá su curso.

Artículo 40. El proyecto de ley, decreto o resolución que fuere aprobado por ambas Cámaras, no tendrá fuerza de ley sin la sanción constitucional. Si el Ejecutivo lo aprobare, lo mandará ejecutar y publicar; mas si hallare inconvenientes para su sanción, lo devolverá con sus observaciones, dentro de quince días, a la Cámara en que hubiese tenido origen.

Artículo 41. Si las observaciones del Poder Ejecutivo se dirigieren a desechar el proyecto en su totalidad, se reservará éste hasta la siguiente Legislatura.

Artículo 42. Si las observaciones del Poder Ejecutivo se dirigieren a corregir o modificar el proyecto, se reconsiderará en ambas Cámaras, y si por éstas fuere aprobado con las correcciones y modificaciones del Poder Ejecutivo, se devolverá para su promulgación. En caso de no ser aprobado por ambas Cámaras con aquéllas correcciones y modificaciones, se reservará hasta la siguiente Legislatura.

Artículo 43. Si se reservare el proyecto por haber sido objetado, volverá a discutirse en la Legislatura siguiente; y si la mayoría de ambas Cámaras volviere a aprobarlo como estaba, el Poder Ejecutivo lo sancionará necesariamente; pero si lo aprobaren con variaciones o modificaciones, se tendrá como nuevo proyecto, observándose los Artículos precedentes. Si a pesar de la insistencia de ambas Cámaras, el Ejecutivo sostuviere que el proyecto es contrario a la Constitución, lo pasará a la Corte Suprema, la cual se limitará a declarar si es o no contrario. En el último caso se promulgará y tendrá fuerza de ley.

Artículo 44. Si el Poder Ejecutivo no devolviere el proyecto sancionado o con sus observaciones dentro del término de quince días, el proyecto tendrá fuerza de ley, y como tal se mandará promulgar, a menos de que, corriendo aquel término, el Congreso haya suspendido sus sesiones, o puéstose en receso, en cuyo caso deberá presentarlo en los primeros tres días de la próxima reunión.

Artículo 45. Los proyectos de ley u otro acto legislativo que se pasen al Ejecutivo para su sanción, irán por duplicado y firmados ambos ejemplares por los Presidentes y Secretarios de las Cámaras, y al remitirlos se expresarán los días en que hayan sido puestos en discusión.

Artículo 46. La ley posterior deroga la anterior en todo lo que le fuere contraria.

Artículo 47. Si el Ejecutivo observare que, respecto de algún proyecto, se ha faltado a lo dispuesto en los Artículos 37, 38 y 39, devolverá ambos ejemplares, dentro de seis días a la Cámara en que se hubiere cometido la falta para que, subsanada por ella, siga el proyecto su curso constitucional. En los que no encontrare aquélla falta, deberá sancionarlos u objetarlos, devolviendo a la Cámara de su origen uno de los ejemplares de cada proyecto con el correspondiente decreto.

Artículo 48. Si dentro del término prefijado en el Artículo anterior, la Cámara a la cual deba devolverse el proyecto, hubiere suspendido sus sesiones, no se contarán en dicho término los días que haya durado la suspensión.

Artículo 49. No es necesaria la intervención del Poder Ejecutivo en las resoluciones del Congreso sobre trasladarse a otro lugar, conceder o retirar la facultad de declarar total o parcialmente en estado de sitio la República, celebrar elecciones, admitir renuncias y excusas, proveer a su policía interior y en cualquier otro acto en que no sea necesaria la concurrencia de ambas Cámaras.

Artículo 50. En las leyes, decretos y resoluciones que diere el Congreso, usará de esta fórmula: «El Senado y Cámara de Diputados de la República del Ecuador, reunidos en Congreso, decretan». El Poder Ejecutivo usará de la siguiente: «Ejecútese u objétese».

Artículo 51. En la interpretación, modificación o derogación de las leyes existentes, se observarán los mismos requisitos que para su formación.

Título VII. Del Poder Ejecutivo

Sección I. Del jefe del Estado

Artículo 52. El Poder Ejecutivo se ejerce por un magistrado con la denominación de Presidente de la República. Cuando éste mandare personalmente la fuerza armada, o cuando por enfermedad, ausencia u otro motivo temporal no pudiere ejercer su cargo, le subrogará el Ministro de lo Interior con el título de Vicepresidente de la República; a falta del Ministro le lo Interior, los otros Ministros según la prioridad de sus nombramientos; y a falta de éstos, los Consejeros de Estado, no eclesiásticos, según la prioridad de sus nombramientos.

Artículo 53. Para ser Presidente de la República se requiere tener las mismas calidades que para ser Senador.

Artículo 54. El Presidente de la República será elegido por voto secreto y directo de los ciudadanos en ejercicio, debiendo el Congreso hacer el escrutinio y declarar la elección a favor del que haya obtenido la mayoría absoluta de votos, o en su falta, la relativa. En caso de igualdad, decidirá la mayoría absoluta del Congreso por votación secreta, contraída a los que hayan obtenido el mayor e igual número de votos en la elección popular. Si el empate se repitiere en el Congreso, el Presidente del Senado tendrá voto decisivo.

Artículo 55. El Vicepresidente concluirá el período constitucional del Presidente a quien reemplace, si vacare la Presidencia por muerte, destitución, renuncia o impedimento físico o mental que, calificado previamente por la Corte Suprema y el Consejo de Estado, inhabilite al Presidente para el ejercicio de sus funciones, y siempre que falte menos de dos años para concluir el período; pero si faltaren dos o más años, convocará a elecciones dentro de treinta días, las que se efectuarán en los noventa siguientes. El que fuere elegido de este modo, concluirá el período, y será subrogado en los mismos términos del Artículo 52.

Artículo 56. El Presidente de la República durará en sus funciones seis años, y terminará en el día señalado por la Constitución. Podrá ser elegido para el período siguiente; mas para serlo por tercera vez, deberá mediar entre ésta y la segunda elección el intervalo de un período.

Artículo 57. El Presidente de la República no podrá salir de ella durante el tiempo de sus funciones, ni dos años después, sin permiso del Congreso.

Artículo 58. El Presidente electo, al tomar posesión del cargo, prestará ante el Congreso o en receso de éste ante la Corte Suprema, el juramento siguiente:

«Yo, N. N., juro por Dios Nuestro Señor y estos Santos Evangelios desempeñar fielmente el cargo de Presidente de la República, profesar y proteger la Religión Católica Apostólica Romana, conservar la integridad e independencia del Estado, guardar y hacer guardar la Constitución y las leyes. Si así lo hiciere, Dios me ayude y sea en mi defensa; y si no, Él y la Patria me lo demanden.»

Artículo 59. La administración y Gobierno del Estado están confiados al Presidente de la República. Su autoridad se extiende a cuanto tiene por objeto la conservación del orden interior y la seguridad exterior de la Nación, guardando y haciendo guardar la Constitución y las leyes.

Artículo 60. Son atribuciones especiales del Poder Ejecutivo:

1. Convocar el Congreso en el periodo ordinario y extraordinariamente cuando lo exija la conveniencia pública, removiendo los obstáculos que puedan impedir su reunión;

2. Concurrir a la formación de las leyes con arreglo a la Constitución, sancionarlas y promulgarlas, y expedir los decretos, reglamentos e instrucciones convenientes para la ejecución de ellas;

3. Proponer al Congreso en terna los Magistrados de la Corte Suprema y del Tribunal de Cuentas, y nombrarlos en receso de aquél; nombrar en terna de la Corte Suprema, a los Magistrados de las demás Cortes de Justicia, y a propuesta de éstas los jueces letrados de hacienda y agentes fiscales;

4. Conceder indultos particulares perdonando, rebajando o conmutando la pena de acuerdo con el Consejo de Estado; pero no la de los empleados que hayan delinquido contra la hacienda nacional, o en virtud de una orden del Gobierno;

5. Nombrar y remover libremente a los Ministros y Consejeros de Estado, empleados diplomáticos y consulares, a los Gobernadores, Jefes Políticos y Tenientes parroquiales, y en general a todos los empleados del ramo ejecutivo, civiles, militares y de hacienda, y admitir sus renuncias;

6. Dirigir las negociaciones diplomáticas, celebrar Tratados y ratificarlos con aprobación del Congreso;

7. Declarar la guerra, previo decreto del Congreso, y hacer la paz con aprobación del Senado;

8. Cuidar de la recaudación de las rentas públicas, decretar la inversión, con arreglo a la ley, y disponer, si fuere necesario, con dictamen del Consejo de Estado, el cobro anticipado de las contribuciones en cada año con el descuento respectivo;

9. Tener la suprema inspección en todos los objetos de policía y establecimientos públicos de instrucción y beneficencia conforme a los reglamentos, estatutos y leyes que los rijan;

10. Conceder, con arreglo a las leyes, letras de cuartel, de retiro, de invalidez y montepío, cartas de naturaleza y patentes de navegación;

11. Disponer de la fuerza armada de mar y tierra, organizarla y distribuirla del modo más conveniente, y mandarla personalmente en caso de campaña, con acuerdo del Congreso, y en su receso, del Consejo de Estado;

12. Declarar en estado de sitio, con acuerdo del Congreso, o en su receso del Consejo de Estado, íntegra o parcialmente el territorio de la República por tiempo determinado, en caso de suceder o amenazar ataque exterior o conmoción interior; y decretar su cesación. Si reunido el Congreso durare todavía

el estado de sitio, corresponde al Poder Legislativo decretar la cesación o continuación.

Artículo 61. Declarado el estado de sitio, corresponde al Gobierno:

1. Ordenar el allanamiento y registro del domicilio de personas sospechosas;

2. Prenderlas, trasladarlas a otro punto habitado de la República, o extrañarlas por tiempo de terminado;

3. Ordenar la entrega de armas y municiones, y proceder a su descubrimiento y captura;

4. Prohibir las publicaciones y reuniones que a su juicio favorezcan o exciten el desorden;

5. Aumentar la fuerza armada y llamar al servicio activo a la guardia nacional, y trasladar la Capital cuando lo exija una grave necesidad;

6. Exigir contribuciones de guerra a los que promuevan o favorezcan la guerra exterior o civil;

7. Disponer se juzgue militarmente como en campaña, y con las penas de las ordenanzas militares, a los autores, cómplices y auxiliadores de los crímenes de invasión exterior o conmoción interior, aún cuando haya cesado el estado de sitio. Si la sentencia fuere condenatoria, no se llevará, a ejecución antes de ponerla en conocimiento del Poder Ejecutivo para que haga o no uso de la atribución que le confiere el párrafo 4 del Artículo 60 de la Constitución.

Artículo 62. El Presidente de la República puede ser acusado, durante sus funciones y dos años después, por todos los actos de su administración en que haya comprometido gravemente el honor, la seguridad o la independencia del Estado, o infringido abiertamente la Constitución.

Sección II. De los Ministros Secretarios del Despacho

Artículo 63. Habrá tres Ministros Secretarios, nombrados libremente por el Ejecutivo para el Despacho del Interior y Relaciones Exteriores, Hacienda, Guerra y Marina. Su número puede ser reducido o aumentado por la ley.

Párrafo único. Para ser Ministro se requieren los mismos requisitos que para ser Senador.

Artículo 64. Ningún decreto, orden o resolución del Poder Ejecutivo, de cualquier especie que sea, que no esté suscrito o sea comunicado por alguno de los Secretarios del Despacho, será válido ni obedecido por sus agentes ni por autoridad o persona alguna, excepto el nombramiento o remoción de los mismos Secretarios, que lo podrá hacer, por sí solo el Poder Ejecutivo.

Artículo 65. Los Secretarios del Despacho son responsables por infracción de Constitución o de ley, soborno o concusión y malversación de los fondos públicos, por autorizar proyectos de ley, decretos o resoluciones del Poder Ejecutivo, sin exigir el dictamen del Consejo de Estado, en los casos que previenen la Constitución y las leyes y por retardar la ejecución de éstas o no haber dispuesto y cuidado de su cumplimiento.

No salva de esta responsabilidad a los Ministros la orden verbal o por escrito del Poder Ejecutivo.

Artículo 66. Los Secretarios de Estado darán a las Cámaras Legislativas, con conocimiento del Poder Ejecutivo, los informes y noticias que les pidan sobre los negocios que se versen en sus respectivas Secretarías, exceptuando los que merezcan reserva a juicio del Ejecutivo.

Artículo 67. Los Secretarios presentarán las a Cámaras Legislativas en los seis primeros días de sus sesiones ordinarias, un informe escrito del Estado que tengan los negocios correspondientes a la Secretaría de su cargo, proponiendo lo que estimen conveniente para mejorarlos. Tienen derecho a tomar parte en las discusiones de las Cámaras, pero sin voto.

Artículo 68. El Secretario de Hacienda presentará, además, en los primeros veinte días de las sesiones, el presupuesto de los gastos que deban hacerse en el bienio siguiente, junto con el estado de las rentas nacionales.

Sección III. Del Consejo de Estado

Artículo 69. Habrá un Consejo de Estado, presidido por el Presidente de la República y compuesto de los Ministros Secretarios del Despacho, de un Ministro de la Corte Suprema, de otro del Tribunal de Cuentas, de un eclesiástico y de un propietario, que tengan las calidades que se requieren para ser Senador, nombrados por el Presidente.

Artículo 70. El Presidente o Encargado del Poder Ejecutivo oirá el dictamen del Consejo de Estado en los casos siguientes:

1. Para dar o rehusar su sanción a los proyectos de ley y demás actos legislativos que le pase el Congreso;

2. Convocar éste extraordinariamente;

3. Solicitar del mismo Congreso el decreto que le autorice a declarar la guerra;

4. Nombrar Agentes Diplomáticos, empleados judiciales y Gobernadores de las provincias;

5. Ejercer el derecho de indulto y para los demás casos prescritos por la Constitución y las leyes, o en los que el Ejecutivo tenga a bien exigir su dictamen.

Artículo 71. Corresponde al Consejo de Estado:
1. Autorizar bajo su responsabilidad, al Poder Ejecutivo, para declarar el estado de sitio;

2. Preparar los proyectos de ley que en su concepto deba el Poder Ejecutivo presentar al Congreso;

3. Admitir y preparar para el Congreso los recursos de queja que se interpongan contra la Corte Suprema o sus Ministros;

4. Ejercer las demás atribuciones que prescriben la Constitución y las leyes.

Artículo 72. Los Consejeros de Estado son responsables de sus dictámenes, con los que se podrá o no conformar el Poder Ejecutivo.

Título VIII. Del Poder Judicial

Artículo 73. La Justicia será administrada por una Corte Suprema y por los demás Tribunales y Juzgados que la ley establezca. Ni el Congreso, ni el Presidente de la República, pueden en ningún caso ejercer funciones judiciales, abocar causas pendientes o hacer revivir procesos fenecidos.

Artículo 74. Para ser Ministro de la Corte Suprema se requieren las mismas calidades que para ser Senador, y además haber sido Ministro en algún Tribunal de la República por seis años, o ejercido por diez la profesión de abogado con buena reputación.

Artículo 75. Para ser Ministro de los Tribunales Superiores, se requiere:

1. Ser ecuatoriano en ejercicio de la ciudadanía;

2. Haber ejercido en la República por cinco años la profesión de abogado con buen crédito; y

3. Tener treinta años cumplidos de edad.

Artículo 76. Una ley especial designará el número de Ministros de que deban componerse la Corte Suprema y los Tribunales Superiores, la provincia o provincias en que deban ejercer su jurisdicción y las atribuciones de los enunciados Tribunales y de los Juzgados de Primera Instancia.

Artículo 77. A las discusiones de los proyectos de ley, presentados por la Corte Suprema, podrá asistir uno de sus Ministros.

Artículo 78. En ningún juicio habrá más de tres instancias. Los Tribunales y Juzgados que no sean de hecho, fundarán sus sentencias.

Artículo 79. Los Magistrados y los jueces son responsables de su conducta en el ejercicio de sus funciones, de la manera que determine la ley; pero no pueden ser suspensos de sus destinos sin que preceda el auto motivado, por el que se declare haber lugar a formación de causa, ni destituidos, sino en virtud de sentencia judicial.

Artículo 80. Los Magistrados de la Corte Suprema y los de las Cortes Superiores, durarán en sus destinos seis años, pudiendo ser reelegidos; mas les está prohibido admitir empleo alguno de libre nombramiento del Poder Ejecutivo.

Título IX. Del régimen y administración interior

Artículo 81. El territorio de la República se divide en provincias, cantones y parroquias.

Artículo 82. En cada provincia habrá un Gobernador que será el agente inmediato del Poder Ejecutivo; en cada cantón un Jefe Político y en cada parroquia un Teniente:,la ley determinará sus atribuciones.

Párrafo único. La provincia de Esmeraldas, así como las poblaciones ecuatorianas de la banda oriental, y en general los lugares que por su aislamiento y distancia no puedan hacer parte de algún cantón o provincia, o que por su escaso vecindario no puedan ser erigidos en parroquia, cantón o provincia, serán regidos por disposiciones especiales hasta que el aumento de su población o los progresos de su civilización, les permitan gobernarse como las demás provincias o cantones.

Artículo 83. Habrá Municipalidades en todas las capitales de cantón, y serán presididas por los Jefes Políticos. La ley determinará sus atribuciones en todo lo concerniente a la policía, educación e instrucción de los habitantes, de la localidad, sus mejores materiales, recaudación, manejo e inversión de las rentas municipales, fomento de los establecimientos públicos y demás objetos y funciones a que deban contraerse.

Título X. De la Fuerza Armada

Artículo 84. Para defensa de la República y la conservación del orden interior, habrá una fuerza militar permanente, y guardias nacionales.

Artículo 85. La Fuerza Armada es esencialmente obediente, no deliberante.

Artículo 86. El mando y jurisdicción militar solo se ejercen en las personas puramente militares, y que se hallen en servicio activo.

Título XI. De las garantías

Artículo 87. Solo los ecuatorianos en ejercicio de los derechos de ciudadanía, pueden ser funcionarios públicos en el Ecuador.

Artículo 88. Nadie nace esclavo en la República, ni puede entrar en ella en tal condición, sin quedar libre.

Artículo 89. Todo ecuatoriano puede mudar de domicilio, permanecer o salir del territorio de la República, o volver a él, según le convenga; y disponer de sus bienes, salvo el derecho de tercero, guardando las formalidades legales.

Artículo 90. Ningún ecuatoriano puede ser puesto fuera de la protección de las leyes, ni distraído de sus jueces naturales, ni juzgado por ley que no sea anterior al delito, ni privado del derecho de defensa en cualquier estado de la causa.

Artículo 91. Nadie puede ser preso ni arrestado sino por autoridad competente, a menos que sea sorprendido cometiendo un delito, en cuyo caso cualquiera puede conducirle a la presencia del juez. Dentro de veinticuatro horas, a lo más, del arresto de alguna persona, el juez expedirá una orden firmada, en la que se expresen los motivos de la prisión, y si debe o no estar incomunicado; de es la orden dará copia al preso o arrestado. El Juez que faltare a esta disposición y el alcaide que no la reclamare, serán castigados como reos de detención arbitraria.

Artículo 92. A excepción de los casos de prisión por vía de apremio legal o de pena correccional, ninguno podrá ser preso, sino por delito que merezca pena corporal; y en cualquier estado de la causa en que resulte no debérsele imponer esta pena, se pondrá en libertad al preso, dando éste la seguridad bastante.

Artículo 93. Nadie será obligado a prestar testimonio en causa criminal contra su consorte, sus ascendientes, descendientes y parientes dentro del cuarto grado civil de consanguinidad y segundo de afinidad; ni a darlo con juramento u otro apremio contra sí mismo.

Artículo 94. Queda abolida la confiscación de bienes, y ninguna pena afecta a otro sino al culpable.

Artículo 95. Todo individuo se presume inocente y tiene derecho a conservar su buena reputación, mientras no se le declare delincuente conforme a las leyes.

Artículo 96. Se garantiza el crédito público.

Artículo 97. El autor o inventor tendrá la propiedad exclusiva de su descubrimiento o producción por el tiempo que le concediere la ley.

Artículo 98. Nadie será privado de su propiedad o del derecho que a ella tuviere, sino en virtud de sentencia judicial. En caso de que la utilidad pública, calificada por una ley, exija el uso o enajenación de una propiedad particular, se dará inmediatamente al dueño el precio que se ajustare con él o la suma en que se avaluare, a juicio de hombres buenos.

Artículo 99. El funcionario público que atentare contra la propiedad particular, quedará sujeto con su persona y bienes a indemnizar los daños y perjuicios que ocasionare.

Artículo 100. Se prohíben las vinculaciones, y todos los bienes son enajenables en la forma que determinen las leyes.

Artículo 101. No puede exigirse ningún impuesto, derecho o contribución sino por autoridad competente y en virtud de un decreto que, conforme a la ley, autorice aquella exacción. En todo impuesto se guardará la proporción posible con los haberes o industria de cada persona.

Artículo 102. Es libre la expresión del pensamiento, sin previa censura, por medio de la palabra o por escrito, sean o no impresos, con tal que se respete la religión, la moral y la decencia; pero el que abusare de este derecho será castigado según las leyes y por los jueces comunes, quedando abolido el jurado de imprenta.

Artículo 103. El derecho de petición será ejercido personalmente o por uno o más individuos a su nombre; pero ja más en el del pueblo.

Artículo 104. Todo ecuatoriano puede reclamar ante el Congreso, el Poder Ejecutivo o el Poder Judicial, contra las infracciones de la Constitución y las leyes, e introducir en la Cámara de Representantes una acusación contra cualquier alto funcionario.

Artículo 105. La morada de toda persona que habite en el territorio ecuatoriano es un asilo inviolable, y solo puede ser allanada por motivo especial que determine la ley y por orden de la autoridad competente.

Artículo 106. Nadie será obligado a dar alojamientos en su casa a ningún militar, ni se ocuparán como cuarteles los colegios y casas de educación. Cuando se tomen edificios que no pertenezcan al Estado para alojar las tropas, se pagará el alquiler correspondiente.

Artículo 107. La correspondencia epistolar es inviolable. No podrán abrirse, ni interceptarse, ni registrarse los papeles o efectos de propiedad particular, sino en los casos señalados por la ley.

Artículo 108. Los extranjeros serán admitidos en el Ecuador y gozarán de seguridad y libertad siempre que respeten la Constitución y las leyes de la República.

Artículo 109. Los ecuatorianos tienen el derecho de asociarse sin armas, con tal que respeten la religión, la moral y el orden público. Estas asociaciones estarán bajo la vigilancia del Gobierno. Los institutos católicos establecidos en la República no serán extinguidos ni disueltos sino de acuerdo con la Santa Sede.

Artículo 110. La República del Ecuador tiene el derecho de extrañar de su territorio a los extranjeros que comprometen la seguridad interior o exterior del Estado; sin perjuicio de las penas que por ello merecieren.

Título XII. Disposiciones comunes

Artículo 111. No se hará del Tesoro Nacional gasto alguno para el cual no haya aplicado el Congreso la cantidad correspondiente, ni en mayor suma que la señalada.

Artículo 112. Todo funcionario al tomar posesión de su destino, jurará sostener y defender la Constitución y cumplir los deberes que le imponga su empleo.

Artículo 113. Ningún ecuatoriano podrá renunciar los derechos ni eximirse de los deberes de tal; ni aceptar, residiendo en la República, destino alguno de otra nación, sin permiso de las Cámaras Legislativas, y en su receso del Consejo de Estado.

Artículo 114. Solo el Congreso podrá resolver e interpretar las dudas que ocurran en la inteligencia de alguno o algunos Artículos de esta Constitución; y lo que se resuelva constará de una ley expresa.

Título XIII. De la reforma de la Constitución

Artículo 115. En cualquier tiempo que el Congreso juzgue conveniente la reforma de algunos Artículos de esta Constitución, podrá proponerla para que de nuevo se tome en consideración en otra Legislatura ordinaria; y si entonces fuere también ratificada por la mayoría de cada una, de las Cámaras, procediéndose con las formalidades prescritas en la Sección VI del Título VI, la reforma será válida, si la mayoría de los sufragantes la aprueba, votando por SI o NO. Pero nunca podrán alterarse las bases contenidas en los Artículos 9, 14 y 15.

Disposiciones transitorias

Artículo 116. La presente Convención elegirá por esta vez, por escrutinio secreto y por mayoría absoluta de votos, al Presidente de la República, Magistrados de la Corte Suprema y del Tribunal de Cuentas. Los elegidos de este modo durarán en sus destinos hasta el 10 de Agosto de 1875.

Artículo 117. También dará, aun después de promulgada esta Constitución, las leyes, decretos y resoluciones que considere necesarios.

Dada en Quito, en la Sala de Sesiones, a nueve de Junio de mil ochocientos sesenta y nueve.

El Presidente de la Convención Nacional, Diputado por la provincia de Imbabura, Rafael Carvajal. El Vicepresidente, Diputado por la provincia de Pichincha, Elías Laso. Diputado por Imbabura, Manuel Tobar. Diputado por Imbabura,

Francisco A. Arboleda. Diputado por Pichincha, Julio Sáenz. Diputado por Pichincha, Roberto de Ascásubi. Diputado por León, Felipe Sarrade. Diputado por León, Pablo Herrera. Diputado por León, Ignacio del Alcázar. Diputado por Tungurahua, Nicolás Martínez. Diputado por Tungurahua, Pablo Bustamante. Diputado por Chimborazo, José Ignacio Ordóñez. Diputado por Chimborazo, Carlos Zambrano. Diputado por Chimborazo, Pedro Lizarzaburu. Diputado por Cuenca, Vicente Cuesta. Diputado por Cuenca, Vicente Salazar. Diputado por Cuenca, Rafael Borja. Diputado por Loja, Manuel Eguigúren. Diputado por Loja, Juan Torres. Diputado por Loja, Pedro José Bustamante. Diputado por Guayaquil, José Domingo Santisteban. Diputado por Guayaquil, Jacinto Ignacio Caamaño. Diputado por Los Ríos, Tomás Hermenegildo Noboa. Diputado por Los Ríos, Jacinto Ramón Muñoz. Diputado por Los Ríos, Miguel Uquillas. Diputado por Manabí, Francisco Javier Salazar. Diputado por Manabí, José María Aragundi. Diputado por Manabí, Francisco J. Menéndez. Víctor Laso, Secretario.

Palacio de Gobierno en Quito, a 11 de Agosto de 1869. Imprímase y circúlese. Dado, firmado de mi mano, sellado con el gran sello de la República y refrendado por el Ministro de Estado en el Despacho de Interior.

Gabriel García Moreno

El Ministro del Interior, Francisco J. Salazar.

Libros a la carta

A la carta es un servicio especializado para
empresas,
librerías,
bibliotecas,
editoriales
y centros de enseñanza;
y permite confeccionar libros que, por su formato y concepción, sirven a los propósitos más específicos de estas instituciones.

Las empresas nos encargan ediciones personalizadas para marketing editorial o para regalos institucionales. Y los interesados solicitan, a título personal, ediciones antiguas, o no disponibles en el mercado; y las acompañan con notas y comentarios críticos.

Las ediciones tienen como apoyo un libro de estilo con todo tipo de referencias sobre los criterios de tratamiento tipográfico aplicados a nuestros libros que puede ser consultado en Linkgua-ediciones.com.

Linkgua edita por encargo diferentes versiones de una misma obra con distintos tratamientos ortotipográficos (actualizaciones de carácter divulgativo de un clásico, o versiones estrictamente fieles a la edición original de referencia).

Este servicio de ediciones a la carta le permitirá, si usted se dedica a la enseñanza, tener una forma de hacer pública su interpretación de un texto y, sobre una versión digitalizada «base», usted podrá introducir interpretaciones del texto fuente. Es un tópico que los profesores denuncien en clase los desmanes de una edición, o vayan comentando errores de interpretación de un texto y esta es una solución útil a esa necesidad del mundo académico.

Asimismo publicamos de manera sistemática, en un mismo catálogo, tesis doctorales y actas de congresos académicos, que son distribuidas a través de nuestra Web.

El servicio de «libros a la carta» funciona de dos formas.

1. Tenemos un fondo de libros digitalizados que usted puede personalizar en tiradas de al menos cinco ejemplares. Estas personalizaciones pueden ser de todo tipo: añadir notas de clase para uso de un grupo de estudiantes, introducir logos corporativos para uso con fines de marketing empresarial, etc. etc.

2. Buscamos libros descatalogados de otras editoriales y los reeditamos en tiradas cortas a petición de un cliente.

www.ingramcontent.com/pod-product-compliance
Lightning Source LLC
Chambersburg PA
CBHW021352160726
47994CB00007B/2940